PRESSANT APPEL

AUX LÉGISLATEURS

QUI DISCUTENT EN CE MOMENT LA

LOI SUR LES MINES

Précis résumé et succinct de l'Essai déjà publié.

SAINT-ÉTIENNE
IMPRIMERIE THÉOLIER FRÈRES
1878

PRESSANT APPEL

AUX LÉGISLATEURS

QUI DISCUTENT EN CE MOMENT LA

LOI SUR LES MINES

Précis résumé et succinct de l'Essai déjà publié.

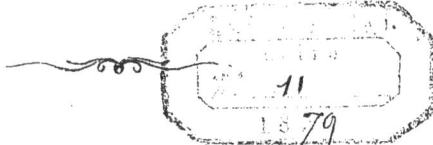

Nous nous proposions d'intituler ce travail : *Exposition détaillée de la législation.....* et de suivre pas à pas, pour les réfuter, tous les prétextes apportés depuis plus de quarante ans pour le maintien de la loi actuelle ; mais nous voyons, par la marche que prennent les choses, que quelques-uns, dans leur intérêt particulier, veulent aujourd'hui emporter au pas de course le maintien de la loi ; et qu'un très-grand nombre d'autres qui ne peuvent connaître les raisons contraires et qui n'ont pas été dans le cas d'examiner par eux-mêmes cette matière toute spéciale, s'en rapportent à ce qu'en ont dit les Commissions nommées précédemment. Nous devons donc nous hâter de présenter ces observations, quoiqu'elles soient presque sans liaison entre elles et sans les développements qu'elles demandent, malgré de trop nombreuses répétitions, afin d'arriver à temps. Nous nous estimerions heureux si ces quelques lignes pouvaient faire suspendre la décision que l'on voudrait faire rendre précipitamment, sans examen, sans discussion sur une matière si importante, au moment où les Chambres ne peuvent pas lui accorder l'attention nécessaire, préoccupées qu'elles sont des grandes questions du moment. En toute chose, les deux parties doivent être entendues ; jusqu'ici on n'en a entendu qu'une, celle qui est intéressée au *statu quo* ; l'autre partie, c'est tout le public, entre autres : les propriétaires du *sol*, les ouvriers, les mines pauvres, le trésor.

Tous les auteurs qui se sont occupés de cet objet ont commencé par donner un aperçu des lois romaines à ce sujet. Ils disent : « A Rome, sous la république et les premiers empereurs, les mines étaient considérées comme fruits du sol..... le propriétaire en avait la jouissance pleine, entière et absolue. Plus tard, les empereurs jugeant que les mines étaient une matière justement imposable, s'attribuèrent 1/10 de leurs produits et 1/10 au propriétaire du fonds. (Traité Peyret, p. 7 et 8). » Merlin dit aussi : « Ainsi, dans le dernier état des lois romaines, la propriété des particuliers sur les mines était constante : le droit domanial d'un 1/10 sur leurs produits et d'un 1/10 pour le propriétaire du sol sont les seules restrictions qu'elles ont éprouvées, et il faut convenir que rien n'était plus sage que cette législation, que rien n'était plus propre à concilier l'intérêt du gouvernement qui voulait que les mines ne demeurassent pas inutiles, avec l'intérêt de la propriété privée qui voulait que chacun pût tirer de la chose tout le profit dont elle était susceptible. »

Mais les auteurs qui ont rappelé cette charge des deux dixièmes n'ont rien dit pour faire connaître si les mines de toute nature y étaient assujéties, ou seulement quelques-unes d'entre elles, et de quelle manière ces 2/10 étaient perçus sur les produits, ce qui importe pourtant beaucoup pour comparer ces charges d'alors avec ces mêmes charges qui se sont continuées sinon de fait, au moins par la législation écrite sous les rois de France, redevance que les propriétaires du sol seraient en droit de réclamer aujourd'hui et qui est bien supérieure à celle actuelle. L'appréciation de ces 2/10 pourra être faite ailleurs, elle serait ici trop longue. Merlin ajoute : « Les monuments de notre histoire les plus reculés nous offrent les mêmes principes constamment suivis par les rois de France qui adoptèrent sur cet objet toutes les dispositions du droit romain qu'ils avaient trouvées en pleine vigueur dans les Gaules, et avaient maintenu les propriétaires fonciers dans le droit d'exploiter librement les mines cachées dans leurs terres. » (Peyret, page 8.)

Peyret rapporte ainsi les termes de l'ordonnance du roi de 1413 : « Payant à nous notre dixième franchement, ou faisant satisfaction ou contenter à celui ou ceux à qui lesdites choses seront et appartiendront, au dit de deux prud'hommes. » Et il ajoute : « Sous l'ancienne monarchie française, comme sous l'empire romain, les mines n'étaient pas une propriété *domaniale*. A l'exemple des empereurs, les rois de France n'avaient établi sur les mines qu'un impôt proportionnel au produit. Cet impôt était le 1/10 ; et souvent ils en firent l'abandon pour favoriser l'exploitation des substances minérales..... Le plus ancien monument de la législation française, dont la teneur ait été conservée, constatait donc l'obligation de payer aux propriétaires, d'après estimation, le prix des minéraux extraits. Cela résultait du droit commun, du texte des lois romaines et de l'art. 187 de la coutume de Paris, qui admettent le principe que la propriété du sol emporte celle du dessus et du dessous. » (Peyret, pages 14, 15, 16.)

Il ne faut pas dire que les rois abandonnèrent souvent leur 1/10, mais toujours, comme on le voit par les ordonnances citées de 1471, 1548, 1601, 1722, et le règlement de 1744, ce qui s'est continué jusqu'à 1791. Voilà comment, en maintenant le 1/10 royal pour la forme, les rois l'abandonnaient, en réalité, par la force des choses. Cette force des choses était l'impossibilité de l'exiger de gens qui se ruinaient malgré les faveurs qui leur étaient accordées. (Peyret, page 20.)

Et pendant ce temps-là, dira-t-on, le 1/10 au propriétaire était-il mieux payé? On répond : La même force des choses empêchait de le payer aux propriétaires qui à peine recevaient quelque faible indemnité pour dégradation ou occupation de surface. On peut voir, dans la discussion de la loi de 1791, le tableau que fait Lamerville des préjudices de toutes sortes qui accablaient les malheureux propriétaires et qui est le même aujourd'hui, soit pour la valeur de leurs tréfonds, qui presque toujours leur sont enlevés sans redevance ou une dérisoire, soit pour la réparation de leurs propriétés ravagées. L'*Essai* l'a remarqué plusieurs fois au sujet de l'application que l'on fait de la loi actuelle. Comme tout le monde n'a pas cet ouvrage sous les yeux, et que même en l'ayant il serait trop long de chercher ces passages même indiqués, nous sommes comme forcés d'en donner un malgré sa longueur qui ne l'est pas encore assez : « Les Compagnies concessionnaires sont venues exploiter une valeur qui depuis des siècles était de père en fils entre les mains des propriétaires fonciers, et elles n'en ont pas plutôt été maîtresses, qu'elles ont vu d'un œil jaloux l'indemnité allouée au propriétaire dépouillé. Elles n'ont même pas tardé à dire que cette réserve était un vol qui leur était fait. Qui n'a pas entendu ces propos sortir de leur bouche ? Les Compagnies, dans nos contrées, se fondaient sur ce que partout ailleurs on ne payait aucune redevance. Est-on bien disposé à payer ce dont on se regarde comme dépouillé par celui qui en exige le prix ?

« Ceci explique parfaitement les plaintes et les reproches que les redevanciers adressent continuellement aux extracteurs, et les procès sans fin, qu'ils sont

obligés de leur intenter à grands frais, pour arriver à
la reconnaissance de leurs droits ; aussi, les trois
quarts des redevanciers ont-ils meilleur compte de
tout abandonner pour éviter leur ruine complète.
Quelques personnes, plus en état par leur situation
ou leur fortune de défendre leurs droits, les ont
abandonnés ; que l'on juge, par là, de ce qui arrive
à la généralité des redevanciers. Ceux-ci, cependant,
se sont réunis ; ils ont chargé une Compagnie de sur-
veiller leurs intérêts, mais ils n'ont rien obtenu, cet
intermédiaire devenant trop onéreux, sans rien obtenir de plus des exploitants. Par la même raison que
les redevanciers abandonnent leurs redevances, en
ne prenant que ce que l'on veut leur donner, ils
abandonnent souvent aussi leurs droits aux répara-
tions des dégâts causés à la surface de leurs propriétés ; plaider pour obtenir cette réparation, c'est
s'exposer souvent à dévorer son petit patrimoine ;
comment n'en serait-il pas ainsi pour les particuliers
qui n'ont qu'une petite propriété qui les abrite et les
fait vivre au jour le jour ? Le plus souvent, les frais
faits par les Compagnies sont mis à leur charge, car
pour les bâtiments détériorés par les mines qui tra-
vaillent et font le vide par-dessous, il est si difficile
de bien apprécier ! On met sur le compte du vice de
construction ce qui est le plus souvent le fait de l'extraction. Quant aux violations de propriétés de toute
nature qui peuvent naître de cet état de choses, elles
sont presque aujourd'hui ce qu'elles étaient autrefois..... »

La presque impossibilité où l'on était autrefois de faire payer un impôt ou une redevance aux mines métalliques était la même en 1791 et 1810, tout comme aujourd'hui pour la plupart des cas, et par ces deux raisons : 1° qu'il n'y avait pour personne des droits acquis par une longue suite de siècles, et 2° que le préjudice apporté au propriétaire ne consistait guère qu'en la détérioration de la superficie ; mais, depuis l'apparition de la houille, peu après la loi de 1810, comme valeur souvent dix ou vingt fois supérieure à la superficie, les choses ont bien changé, et il est manifeste qu'une loi faite pour la presque totalité de la France, pour les mines de métaux, ne peut plus régir les mines de houille. On ne s'était pas compris, parce que l'on s'était toujours arrêté à ces 2/10 toujours stipulés, jamais payés, dont l'application, pour être sensée et équitable, devait forcément résulter de la nature des mines exploitées ; or, en 1791 et 1810, les mines exploitées n'étaient pour ainsi dire pas différentes des époques précédentes, et les législateurs de ces deux époques n'ont pu se dépouiller de leurs idées précédentes, malgré les efforts de Lamerville et de Delandine en 1791, et de Napoléon en 1810, lesquels n'avaient pas plus de lumières que leurs collègues, car il n'en faut pas pour s'élever à des idées de justice, mais qui avaient plus de bon sens et d'équité. Aussi, l'*Essai* publié en 1878, dit-il pages 42-43, en rappelant la proposition de Lamerville et de Delandine : « Certes, voilà des paroles pleines de justice et de bon sens, il est à regretter qu'elles n'aient point prévalu. »

Puisque nous y sommes, continuons de citer l'*Essai*, page 6 : « Le plus grand reproche que l'on puisse adresser aux lois de 1791 et 1810, c'est d'avoir confondu les mines de houille et celles de métaux, alors qu'il faut à ces deux sortes d'exploitation une législation toute différente ». Pages 14 et 15 : « L'assimilation que l'on a toujours faite des mines de houille et des mines de métaux, se retrouve malheureusement dans les lois de 1791 et 1810. D'où vient cette confusion ? Probablement de ce que dans ces grandes assemblées, il y a peu de personnes ayant une connaissance complète de ces questions toutes spéciales. Le législateur a toujours été dominé par cette idée première, que toutes les mines, de quelque substance qu'elles soient, devaient être régies par les mêmes règles ; et sans les réclamations de quelques provinces et principalement du Forez, les lois de 1791 et 1810 eussent présenté ce cachet d'uniformité... La force des choses y fit bien introduire quelques dispositions relatives aux mines de houille, mais elles étaient en désaccord avec les autres dispositions concernant les métaux, et surtout avec les droits acquis et séculaires du propriétaire, droits résultant de la facilité de l'extraction. Personne ne s'était compris, et le tout passa à la fois, faute de cette distinction ». Page 18 : « Il n'y a pas un mot dans les lois romaines sur la houille ou charbon de terre ». Page 39 : « En 1791, les mines de houille, à l'exception de celles du Forez, n'avaient pris partout ailleurs aucun développement, elles étaient à peine connues et exploitées, entièrement confondues dans la législation, si législation il y avait, avec les mines de métaux. Or, pour ces dernières, il est évident que les propriétaires ne pouvaient les exploiter, et qu'en les concédant à un tiers qui avait les connaissances spéciales et les ressources indispensables à de pareils travaux, on ne leur apportait aucun préjudice bien sensible, mais pour les houillères du Forez, c'était bien différent. »

Si jamais il renaît en cette matière du bon sens et de la bonne foi, on verra que ce n'est pas seulement pour le Forez qu'une demi-justice doit être rendue, mais pour la France entière, et non seulement pour les mines de houille, mais pour toutes les autres; enfin que le grand principe de la propriété, fondement de toute Société, doit être intégralement maintenu. C'est ce qu'observe très-bien l'*Essai* en disant, page 48 : « qu'en violant les principes de justice, on se précipite dans des abus de toute nature, et qu'il faut toujours appliquer la loi d'équité ; le résultat en sera ce qu'il pourra : nul s'il n'y a aucun bénéfice, ou très-faible suivant les cas, plus élevé suivant d'autres ». C'est-à dire, comme nous le dirons, qu'en fait de mines, il faut aujourd'hui abandonner entièrement ces moyens termes, ces approximations souvent sans base, ces forfaits au petit bonheur qui dépouillent des propriétaires de valeurs souvent énormes que l'on fait passer dans des mains étonnées de les recevoir, ou qui ruinent des extracteurs au profit de propriétaires qui n'ont aucun droit à ce qu'ils reçoivent.

2

Néanmoins, tous ces essais, ces tâtonnements étaient des modifications justes à leur moment ; mais les mines de houille n'existant que dans le Forez, ce n'est que dans ses usages que l'on peut retrouver les règles à appliquer. L'exposition de ces usages convertis en règles imposées même par l'autorité supérieure, serait bien intéressante, mais trop longue pour ce Précis. L'*Essai* en a donné un aperçu page 26. Nous devons cependant faire connaître un arrêt du Conseil du Roi, du 10 avril 1759, intervenu pour régler les redevances tréfoncières à Rive-de-Gier, dont la connaissance et le dispositif ne conviendront guère sans doute à ceux qui disent que la redevance de la 20e ou 30e benne qui leur est imposée et payée comme on sait, est un vol qui leur est fait. On ne comprend pas, ou plutôt on comprend très-bien que cette pièce ne se trouve pas dans le recueil des lois, ordonnances, règlements, arrêts concernant les mines, publié en 1856 par ordre du Ministre, mais elle se trouve tout au long dans le mémoire imprimé en 1817 pour les redevanciers de Roche-la-Molière. Les vingt-quatre principaux extracteurs de Rive-de-Gier y certifient, avec le visa du Maire de Rive-de-Gier et du Sous-Préfet de Saint-Etienne, que ledit arrêt de 1759 réglait la redevance des propriétaires de la 4e à la 5e benne du produit, sans aucune distinction de frais ; mais que depuis, à cause des grands frais d'extraction nécessités à Rive-de-Gier et inconnus aux autres mines du Forez, la redevance n'est que de la 5e à la 10e.

A la suite de cette pièce est la preuve notariée qu'à Roche-la-Molière la redevance se paye à la 5e benne, en 1817 aussi.

Mais l'on peut et l'on doit aujourd'hui abandonner toutes ces évaluations et fixations, pour entrer largement dans la voie de l'équité, or, il est évident, par ce que nous avons déjà dit, qu'on ne peut le faire qu'en recherchant le bénéfice : hors de là, on ne peut que s'enfoncer dans des difficultés inextricables, et continuer des iniquités criantes ; et n'a-t-on pas l'exemple de la culture des terres de grande fertilité, des terres médiocres et des terres ingrates ; est-il jamais tombé dans l'esprit d'un homme sensé, qui plus est, d'un législateur, d'ordonner quelles seront toutes louées à $0^f,25$ ou $0,05^c$ par hectare?

On ne peut pas connaître, dira-t-on, le produit de ce qui est caché dans la terre ; sans doute, car la recherche de ce produit donnera souvent une perte énorme, ou un bénéfice considérable ; et c'est précisément pour cela qu'il faut voir s'il n'y a pas moyen de le connaître. Or, rien n'est plus facile, comme nous le disons à la fin de ce Précis.

Il est bien vrai que ceux qui doivent le déclarer, sont comme invités à le dissimuler de leur mieux, et nous engageons le lecteur à lire à ce sujet les deux pages 77 et 78 de l'*Essai*. Comme elles seraient un peu longues à transcrire, nous ne voulons en rapporter que les lignes suivantes : « La vérification du Passif et de l'Actif étant faite chaque année par les préposés de l'Etat pour la perception de l'impôt,

tous les Sociétaires et les simples redevanciers en pro-
fiteraient et ne seraient plus forcés d'engager ces procès si longs et si coûteux qu'ils se voient souvent obligés d'abandonner. Combien tous payeraient alors
joyeusement à l'Etat, non 5 p. %. sur des bénéfices
dissimulés par 2 ou 3 concessionnaires, mais 8 à
10 p. %. sur les véritables bénéfices constatés par tous,
car, la Société serait tenue d'imprimer et de publier
chaque année sa situation. Le Trésor y gagnerait dou-
blement. On n'oserait plus demander à le tromper,
sous le prétexte qu'il serait odieux et inquisitorial
d'obliger les concessionnaires à rapporter leurs livres
et qu'il y aurait en cela de graves inconvénients pour
le commerce. »

Il serait beaucoup trop long maintenant d'exposer les raisons apportées en 1791 par les partisans
de la propriété publique et de la propriété privée des
mines, qui fut la seule question véritablement débattue alors comme en 1810. Disons en deux mots avec
l'*Essai*, pages 44, 45 : « que Mirabeau, soutenu par
l'opinion de la plus grande partie de l'Assemblée,
croyait triompher aisément dans son premier discours
du 21 mars, mais les objections de Lamerville et
Delandine et le mémoire Perignon le forcèrent à modifier beaucoup son opinion première, quoiqu'il
évitât de répondre directement au payement préala-
ble des valeurs tréfoncières reconnues appartenir au
propriétaire superficiel. Ainsi, dans son second discours du 27 mars, il dit que ces substances ne pour-
ront être exploitées qu'à la charge d'indemniser,

d'après les règles qui seront prescrites, les propriétaires de la surface ; ce qui veut bien dire qu'il entend les indemniser de la valeur des matières extraites ; car, sans cela, il eût ajouté, comme dans son premier discours, que cette indemnité serait une indemnité de préjudices à la surface, calculée sur la valeur du meilleur terrain. C'était dire qu'on reconnaissait au propriétaire un droit sur les tréfonds qui lui sont enlevés ; mais après avoir consigné cela dans l'article 1er de la loi, comme pour faire droit aux réclamations des tréfonciers qui depuis tous les temps connus avaient droit, depuis les Romains, à 1/10e du produit de toutes les mines, et qui, sous les rois de France, avaient toujours été maîtres absolus de leur charbon, on en détruisit toute la conséquence par l'article 21 qui déclarait que l'on n'entendait par cette indemnité que l'indemnité pour dégradations superficielles. »

Si l'on avait à faire à un particulier, on lui dirait : Vous usez de subterfuge pour arriver à votre but, tromper ceux dont vous ne pouvez réfuter les raisons. Cet article 21 qui détruisait entièrement l'indemnité de la valeur des tréfonds accordée par l'article 1er, semble avoir été très judicieusement inséré dans la loi longtemps après l'adoption de l'article 1er, que beaucoup pouvaient avoir perdu de vue. Il eût été beaucoup plus simple et rationnel de dire dans le même article 1er : Cette indemnité ne s'entend pourtant que pour les dégradations superficielles. Nous verrons plus tard le même fait se reproduire sur ce même article de la redevance que l'on accorde par un premier article en commençant, et que l'on supprime indirectement par un autre qui est inséré bien plus loin.

Quoique la loi de 1791 fut, dit Regnaud d'Andely, « plutôt une transaction entre des avis opposés, qu'une décision franche..... » qu'elle aurait dû être ; néanmoins le bon sens et la logique de Peyret lui font dire, page 43 de son traité : « on peut ajouter que l'article 1er de cette loi, en exceptant du régime de cette loi les mines qui pouvaient être exploitées ou à tranchée ouverte ou avec fosse et lumière jusqu'à cent pieds de profondeur, les considérait évidemment comme accessoires de la propriété du sol. »

Il serait beaucoup trop long d'exposer ici les raisons des partisans de la propriété publique et de la propriété privée des mines en 1791, car ce fut la seule question véritablement débattue, comme elle fut aussi la seule débattue en 1810. Disons en deux mots que Mirabeau, soutenu par presque toute l'Assemblée, croyait dans son premier discours du 21 mars triompher aisément en soutenant la propriété publique ; mais les raisons présentées par Lamerville, Delandine et le mémoire Pérignon l'obligèrent à modifier beaucoup ses assertions, et tout son second discours est uniquement consacré à essayer de répondre aux objections des habitants du Forez ; il fut enfin forcé de reconnaître, par son article 1er reproduit textuellement dans la loi, que les tréfonds exploités en vertu d'une permission de

l'Etat, ne pouvaient l'être qu'à la charge d'indemniser les propriétaires de la surface, tout comme le
voulaient les lois romaines et les ordonnances fran-
çaises.

Hâtons-nous de dire quelques mots de la loi de
1810, qui demanderait une longue discussion pour
être comprise, au moment où elle fut rendue qui était
le même qu'en 1791, mais si différent de celui
d'aujourd'hui.

L'exposé des motifs de cette loi rappelle d'une
manière approximative la législation antérieure, mais
dans la discussion on ne tint aucun compte de ces
précédents ; on agita la grande question de la propriété publique ou privée, comme si c'était une
matière toute nouvelle soumise pour la première fois
à la discussion. Tant mieux, pourrait-on dire, car la
discussion ne sera pas influencée par la prévention,
et on lui appliquera les règles du bon sens et de
l'équité. Mais, Corps Législatif et Conseil d'Etat, tous
voulaient rester dans l'ornière du passé, dont la
législation reconnaissait pourtant le propriétaire du
sol maître des mines et lui accordait une redevance
très-raisonnable, mais que la force des choses d'a-
lors dépouillait avec raison de toute participation
aux produits des mines ; distinction que l'on n'a
jamais voulu faire.

Lorsque Napoléon, mû par un intérêt supérieur
qui n'a pas été remarqué, éleva la voix dans cette
question secondaire, d'un intérêt médiocre, et qui
n'intéressait que quelques points de la France, et

pendant quatre ans, de 1806 à 1810, dans six projets présentés successivement, lutta opiniâtrément
avec toute la puissance de sa dialectique et de son
immense autorité, pour faire prévaloir les principes
du bon sens et de l'équité, il imposa| enfin sa vo-
lonté, et par l'article 6 une redevance proportion-
nelle aux produits de l'extraction fut accordée aux
propriétaires. On fera voir ci-après, si le temps le
permet, que ce grand pas vers l'équité dans un certain nombre de cas, se change en grande iniquité
dans beaucoup d'autres. Mais l'article 6 fut détruit
par l'article 42, sans que la plupart des législateurs
s'en aperçussent sans doute, parce qu'au lieu d'une
redevance sérieuse, la presque totalité des propriétaires ne reçut qu'une redevance dérisoire arbi-
trée au bon plaisir du gouvernement, sans connaissance de cause forcément.

Pressé par le temps et la rapidité que l'on met
à enlever sans discussion le maintien de la loi de
1810, il nous est impossible de démontrer, comme
il serait si facile, les inconséquences, contradictions
et iniquités involontaires si l'on veut, mais qui ne
résultent pas moins de la loi de 1810. Les propriétaires, les ouvriers, les mines pauvres, le Trésor,
doivent demander à la Chambre des députés un
sursis à cette condamnation définitive pour plusieurs siècles de leurs droits les plus évidents.

Jamais la matière des mines n'a été discutée en
connaissance de cause, parce qu'on ne s'est occupé,
et qu'on ne pouvait s'occuper que de l'état de choses

que l'on avait sous les yeux ; or, cet état de choses a changé du tout au tout depuis 1791 et depuis 1810 ; comment alors les mêmes règles pourraient-elles être maintenues ? Qu'au moins, l'on veuille bien donner le temps aux deux parties d'exposer leurs raisons ; or, ce n'est pas en quelques jours qu'on peut porter la lumière dans une matière si embrouillée depuis 2.000 ans.

Au surplus, si l'on craint de s'enfoncer dans l'examen du passé qui ferait voir combien l'on s'est mépris en cette matière, à l'exception de Napoléon qui à ce moment ne pouvait pas aller plus loin qu'il l'a fait, mais dont les vues contenaient le germe de toutes les améliorations de l'avenir, il est facile aux seules lumières du bon sens et de l'équité, de faire une loi qui concilie tous les intérêts légitimes suivant que la matière le comporte ; c'est tout simplement, ainsi que l'*Essai* l'a déjà dit, de rechercher le bénéfice et de le répartir d'une manière équitable entre les intéressés.

Est-il donc si difficile de le trouver ? Est-ce que tout industriel ou commerçant ne connaît pas exactement chaque année son bénéfice ou sa perte ? Est-ce que tout extracteur n'est pas tenu pour l'impôt de l'Etat de le donner aux préposés du gouvernement, à moins qu'on ne lui donne le conseil de le dissimuler de son mieux, en refusant de produire ses livres ? (Voir l'*Essai*, page 77 et 78). Est-ce que tout extracteur n'est pas tenu de l'établir exactement pour le répartir entre les actionnaires ? Enfin,

est-ce qu'il n'était pas recherché et connu dans les extractions de mines, il y a près de 300 ans, quand l'ordonnance d'Henri IV voulait qu'il fût pris 1/30 de tout le revenant bon et de net des mines pour secours aux ouvriers blessés ?

Comme l'intérêt aveugle la p'upart des hommes, on ne serait pas étonné d'en voir quelques-uns en cette matière prétendre qu'ils doivent être grandement favorisés pour pouvoir soutenir la concurrence de quelque part qu'elle vienne, c'est-à-dire que tous les susnommés doivent leur abandonner ce qui leur appartient.

Il n'y a pas de réponse à faire à une pareille prétention.

Depuis quarante ans toutes les commissions qui se sont succédé pour la révision de la loi de 1810, ont toute proposé d'en remanier quelques articles secondaires, comme pour donner quelque espèce de satisfaction aux réclamations qui se sont élevées de toutes parts. Ces modifications, toutes au profit des concessionnaires et au préjudice des propriétaires, pourraient encore être acceptées par ces derniers, si tout en aggravant leur position, elles n'étaient pas un moyen de détourner l'attention des préjudices et souffrances intolérables dont sont accablés tant de gens. N'est-il pas évident que quand ces modifications secondaires auront été votées au pas de course, tout le reste sera censé parfait ?

Toutes les commissions, pour couper court à toutes réclamations, ont terminé leurs projets de modification par ces mots qu'elles ont présentés comme sans réplique : On ne peut refondre la loi de 1810 et l'établir sur de nouvelles basses, sans perdre les résultats acquis et les espérances de l'avenir. Ces mots font un certain bon effet comme complément de phrase, parce qu'ils restent dans le vague et ne déterminent rien. Il faut les préciser :

Les résultats acquis, ce sont :

1° Le Trésor qui dans sa gêne extrême ne reçoit pour ainsi dire rien des mines et écrase d'impôts le reste de la France, tandis que tous les bénéfices des mines devraient payer comme le foncier le 6° ou le 8°, y compris presque toutes les redevances qui par la réforme de la loi seraient alors presque toutes des bénéfices au lieu d'être des prix de vente non imposables ;

2° Les mines pauvres que la loi actuelle oblige de payer une redevance alors qu'elles se ruinent ;

3 Les propriétaires auxquels la redevance allouée à un petit nombre, qui n'est souvent que le 20me de ce qui leur appartient, et payé comme on sait, est encore pour eux la robe de Déjanire qui les brûle jusqu'aux os par les procès jugés contre eux. (*Essai*, pages 12 et 13).

4° Les ouvriers qui sont, il est vrai, protégés comme tous autres par la loi civile, mais pour lesquels l'humanité a réclamé d'une manière toute particulière dans tous les temps, le 1/30° pris en leur faveur sur les bénéfices des mines par l'ordonnance de 1604, où est-il aujourd'hui ? (*Essai*, pages 94, 95,

96). On fait souvent pendant longtemps une retenue sur la journée de l'ouvrier ; la Compagnie y ajoute ce qu'elle veut, ou rien du tout, ou le supprime à volonté, la caisse est administrée comme elle veut. Si la Compagnie fait de mauvaise affaires, si elle vend sa concession en déclarant qu'il n'y a point de fonds dans la caisse de secours, si l'ouvrier est renvoyé, s'il est allé chercher du travail ailleurs, il n'a rien à réclamer. Arrêtons-nous, car tout cela est trop douloureux et presque incroyable.

Quant aux espérances de l'avenir, elle consistent dans la certitude de voir tous les maux ci-dessus signalés se perpétuer encore un siècle ou deux, en ayant pour tout espoir que l'excès du mal pourra peut-être en amener la cessation, mais Dieu seul saura jamais quelles iniquités et quels maux auront souffert tant de gens.

Pourquoi alors se refuserait-on à donner le temps nécessaire à développer ces explications que l'on ne peut qu'indiquer dans ce Précis ?

UN DERNIER MOT

Quand on s'occupe avec attention de cette matière, on voit surgir tant et de si importantes considérations, qu'on ose dire avec assurance que bien peu de personnes ont pu la comprendre, faute de réflexion et de connaissance de ce qui a précédé. Tout y est à examiner et à régler à nouveau, pour y être dans l'équité et même dans le bon sens principalement au sujet de la houille, qui n'a fait, peut-on dire, son apparition commerciale qu'au commencement de ce siècle, et n'a pu, par conséquent, être réglée convenablement par la loi de 1810; car pour les mines de métaux connues de tout temps, il en est autrement.

On le voit, en ce moment, des intéressés veulent emporter d'assaut et au pas de course le maintien du *statu quo*, amélioré encore de quelque chose en leur faveur; ils viennent de l'obtenir au Sénat, et le *Mémorial* du 13 annonce que déjà ils ont fait déposer à la Chambre des députés une pétition à cet effet, par M. Bertholon, qui a dû le faire, mais qui certainement élèvera la voix au moins en faveur des ouvriers sacrifiés aux intérêts de quelques-uns qui sacrifient en même temps les intérêts et les droits du Trésor, des propriétaires du sol et des mines pauvres. Car si la loi commune (art. 1382, 1383) protège les ouvriers comme tous autres, l'humanité doit les entourer d'une sollicitude particulière. Ils l'étaient bien d'une manière expresse et formelle par l'ordonnance de 1604, mais la loi de 1810 ne les rappelle seulement pas. Quelques usages se sont, il est vrai, introduits plus tard, mais ils sont sans aucune sanction de la loi; on ne sait où prendre les fonds de secours qui n'ont point d'assiette obligatoire, et qui disparaissent de plusieurs manières différentes expliquées dans l'*Essai* et dans le Précis ci-dessus. Or, s'ils étaient pris sur les bénéfices généraux des mines et sur les redevances rendues imposables par les moyens indiqués et réellement payées, seule manière juste et sensée d'obtenir ces fonds de secours, et qu'ils fussent centralisés pour être répartis entre tous les ouvriers d'un district minier déterminé, tout serait régulier et assuré suivant les ressources que l'on aurait et qui ne seraient prises que sur des bénéfices équitablement répartis entre tous ceux qui les auraient fournis, soit par leur propriété, soit par leur travail, au lieu de rester dans la confusion, le gâchis et l'iniquité où l'on est depuis si longtemps.

Du reste, ni l'*Essai* ni le Précis n'ont pu, dans leur cadre trop étroit, élucider tout ce qui se rattache à cette matière restée jusqu'ici si obscure. Ils n'ont pu poser que les questions ; ils n'ont pu développer les faits successifs qui se sont produits dans les contrées d'extraction suivie, et les règles qu'on a en conséquence adoptées pour être dans la vérité et équité. Tout marche et change dans le monde, à plus forte raison une chose toute nouvelle née d'hier, dont les rapports avec ce qui l'environne ne peuvent pas, par conséquent, être connus. Comment alors les règles qui pourraient convenir à ce premier moment pourraient-elles être maintenues alors que ces rapports ont changé parce qu'ils sont mieux connus par le développement successif de toutes choses ? Et il ne faut pas non plus proposer et faire adopter quelque changement secondaire presque insignifiant pour pouvoir maintenir tout le reste ; c'est un trompe-l'œil, qui entraînerait tous les maux signalés.

En un mot, il faut une discussion sérieuse ou tous aient le temps d'exposer leurs raisons ; car, quoiqu'il semble qu'il ne s'agisse que d'un objet particulier à quelques contrées de la France, néanmoins l'universalité de l'emploi de la houille, et les maux de toutes sortes déjà signalés qui résultent de l'état actuel des choses, en font un objet d'intérêt général.

Ce ne serait pas un des moindres mérites d'hommes de bien, de législateurs enfin qui auraient voulu mettre un terme au préjudice qui frappe l'Etat et les mines pauvres et aux maux de toutes sortes qui accablent les ouvriers, les propriétaires et leur famille, et les remplacer par les bienfaits d'une répartition plus équitable de leurs bénéfices qui appartiennent plus proprement à quelques-uns, savoir : 1° aux propriétaires du sol qui possèdent les tréfonds exclusivement à tout autre ; 2° aux extracteurs qui doivent être rémunérés de leur peine et du risque de leurs capitaux avancés ; 3° aux ouvriers qui ont déjà reçu le salaire de leur travail et sont protégés comme tous autres par les articles 1382, 1383, mais auxquels l'humanité assure, en cas d'accident un secours qu'aujourd'hui ils ne savent plus où prendre, alors qu'on leur a pourtant fait une retenue souvent trop prolongée.

Un Stéphanois.

Saint-Etienne, imp. Théolier frères, rue Gérentet, 12.